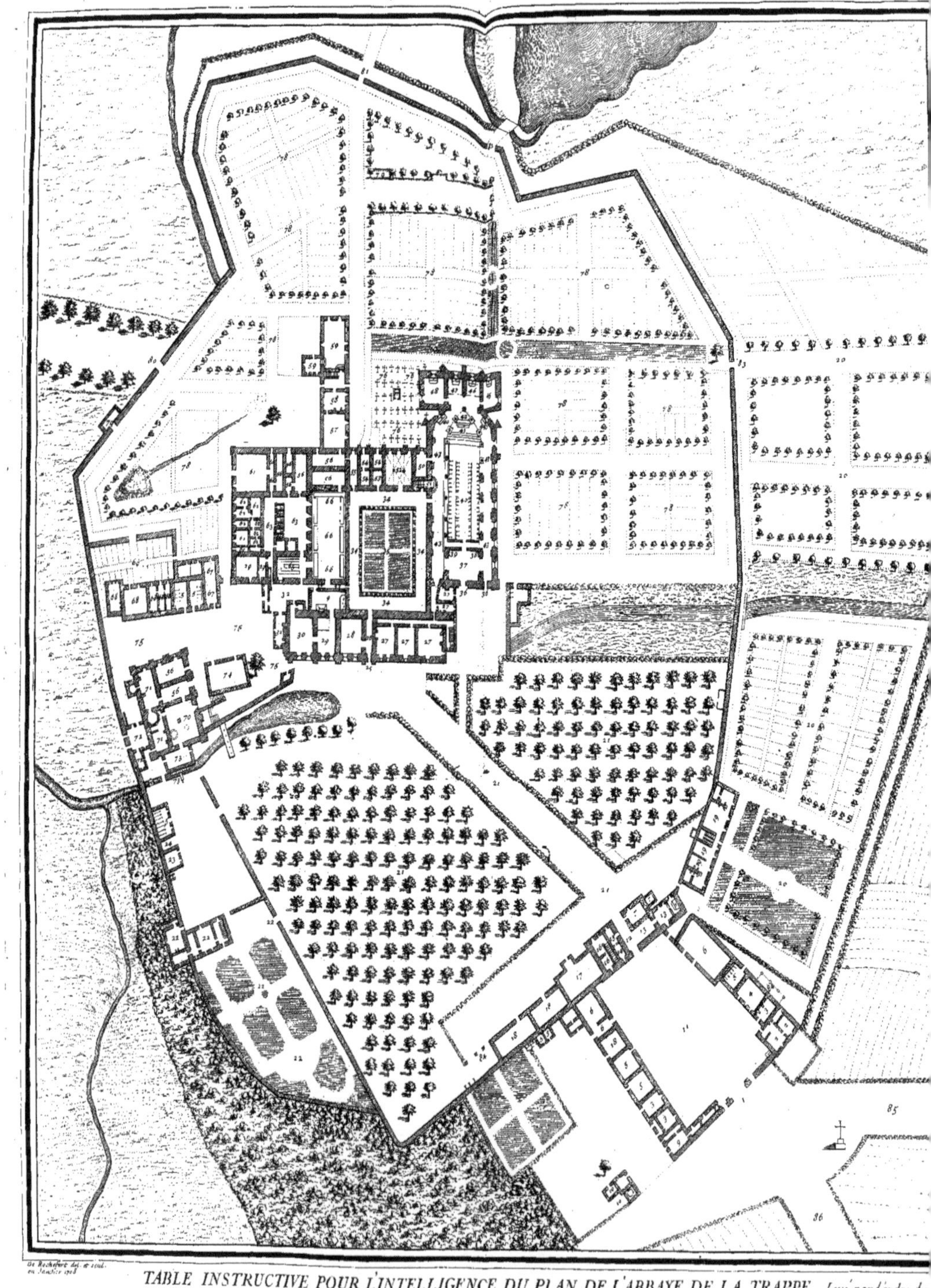

De Rochefort del. et sculp.
en Janvier 1708

TABLE INSTRUCTIVE POUR L'INTELLIGENCE DU PLAN DE L'ABBAYE DE LA TRAPPE. Levé par l'ordre du

1. Premiere Porte d'entrée de l'Abbaye de la Trappe.
2. Logement d'un frere donné qui aide au Pere celerier.

16. la Forge.
17. le Pressoir.
18. les Estable et bergerie.
19. Maison Abbatialle.

30. la Lessiverie.
31. Refectoir des Freres donnez.
32. Cour de la grande Cuisine.
33. Corridor qui conduit à la cuisine

Marie Egyptienne
46. Chapelle de l'Assomption.
47. Chapelle de S.t Jean Baptiste.
48. Chapelle de S.t Jean Climaque.

59. Manufacture des bas.
60. Passage qui conduit au jardin.
61. L'ouvroir des Religieux.

75. Cour de la Brasserie.
76. le Cimetier
77. le Tombeau de M.r l'Abbé

DESCRIPTION DU PLAN EN RELIEF DE L'ABBAYE DE LA TRAPPE.

PRESENTÉ AU ROY

Par le Frere P*ACOME*, *Religieux Solitaire.*

A PARIS,

Des Caracteres & de l'Imprimerie de JACQUES COLLOMBAT, Imprimeur ordinaire de Madame la Duchesse de Bourgogne, ruë saint Jacques, au Pelican.

M. DCC. VIII.

AVEC PERMISSION.

Cazes inv. de Rochefort sculp.

Le Plan de l'Abbaye de la Trappe, presenté au Roy au mois de Janvier 1708. par le frere Pacome, Religieux solitaire; levé par l'ordre de sa Majesté.

AU ROY.

IRE,

Les prodiges que la grace opere dans l'Abbaye de la Trappe, depuis ſa reformation, ont rendu ce ſaint lieu celebre. La pieté y attire de toutes parts un grand nombre de perſonnes, qui viennent y admirer le lieu du monde où la ferveur du Chriſtianiſme paroît avec le plus d'éclat. Ceux mêmes que les engagemens du ſiecle occupent le plus, ſont d'ordinaire les plus touchez du ſilence & de l'auſterité qui diſtinguent cette Maiſon de toutes les autres Societez Religieuſes. La ſituation même du lieu ſemble inſpirer l'amour de la retraite. Les Eaux & les Bois, qui partagent cette vallée de penitence, en font une veritable ſolitude. Qu'il me ſoit permis, SIRE, d'en preſenter icy le plan à VOTRE MAJESTÉ. Je n'ay pas crû qu'il fût indigne de ma profeſſion de le lever avec ſoin ſur les lieux, de le tracer de relief, ſelon vos ordres, & de luy donner toute l'exactitude & toute la fidelité poſſible. J'ay quitté mon deſert pour en aller deſſigner un autre, & je puis dire, aprés un ancien

Anachorette, que là * *j'ay trouvé de veritables & de ſaints Moines*, dont la vie a été pour moy un reproche ſecret de mes imperfections. Cette penſée humiliante m'a toûjours accompagné dans la conſtruction du plan que je viens de dreſſer pour VOTRE MAJESTÉ. Si S. Jean Climaque a crû rendre ſervice à ſon ſiecle en luy préſentant une idée fidelle des Monaſteres de la Thébaïde, qu'il alla viſiter exprés, j'ay penſé auſſi que la deſcription de l'Abbaye de la Trappe ne ſeroit pas deſagréable, dans une Cour où le plus grand Roy du monde fait fleurir la pieté. En conſiderant le plan que j'ay l'honneur d'offrir à VOTRE MAJESTÉ, Elle pourra faire une reflexion, dont j'ay ſouvent été touché. C'eſt que ſous le plus long & le plus glorieux Regne qu'ait eu la France, on a vû éclôre les miracles les plus ſurprenans de la grace, de la Nature & de l'Art: comme ſi le Seigneur eût pris plaiſir

* *Vidi Monachum, ego non ſum Monachus.*

à diſtinguer de toutes les manieres le ſiecle de LOÜIS LE GRAND.

Si le plan que je préſente à VOTRE MAJESTÉ a le bonheur d'occuper un moment ſes regards, Elle y verra deux choſes. Premierement, l'Abbaye de la Trappe deſſignée ſur la ſurface d'une table, avec une exactitude qui ne laiſſe rien à deſirer : ſecondement, dans les ſoubaſſemens qui environnent la table, & qui en ferment le contour, Elle appercevra les plus precieux monumens de cette Abbaye, repreſentez en differens tableaux de Peinture. Permettez-moy, SIRE, de faire la deſcription du plan & des ſoubaſſemens, & de vous marquer par écrit ce que j'ay repreſenté de relief.

Le Plan que je décris eſt poſé ſur une table de ſeize pieds de long ſur quatorze de large. Le premier objet qui ſe preſente aux yeux eſt l'avenuë, ou le grand chemin de Mortagne qui conduit à la premiere porte du Monaſtere de la Trappe. Elle eſt conſtruite à la moderne, & l'Image de la ſainte Vierge, poſée ſur le frontiſpice, montre aſſez que la Mere de Dieu eſt particulierement honorée à la Trappe. On entre d'abord dans une cour entierement détachée des Cloîtres & des autres Appartemens qui ſervent d'habitation aux Religieux. Il étoit à propos que le recuëillement des Solitaires ne fût point troublé par l'abord continuel de ce nombre prodigieux de Pelerins, que la curioſité conduit à la Trappe.

A droit & à gauche de cette porte & de cette cour d'entrée eſt la Ferme de l'Abbaye. Là s'exerce l'hoſpitalité par des Freres qui ſe ſont donnez à la Maiſon, & qui conſervant leur habit du ſiecle, ſervent aux miniſteres que la charité des Religieux exerce envers les pauvres & en faveur des Pelerins. En effet, c'eſt en ce lieu que trois fois par ſemaine, ſous un appenty, on diſtribuë du pain à deux ou trois cens pauvres. C'eſt encore là qu'on loge en des chambres, & que l'on couche en des lits un grand nombre d'hôtes. On reſpire dés ce premier abord je ne ſçay quel air de recueïllement & de regularité.

Lors qu'on a paſſé la porte qui eſt au fond de la Cour, on apperçoit à droite la Chapelle où les femmes entendent la Meſſe: car jamais il ne leur eſt permis d'entrer dans l'Egliſe où les Religieux chantent les loüanges de Dieu. Une ſuite de divers Bâtimens à droit, & particulierement à gauche, tous deſtinez aux uſages du Monaſtere; comme Preſſoirs, Forges, Ecurie, Magaſins & Engards, font face à la ſeconde cour, & à l'avenuë qui conduit au Monaſtere.

Au fond de la premiere cour à droit eſt la porte Cochere qui conduit à la Maiſon Abbatiale qui eſt aujourd'huy occupée par Monſieur de ſaint Loüis, que l'amour de la retraite a tiré des Armées de VOTRE MAJESTÉ, où il avoit été Meſtre de Camp & Brigadier. La Reine d'Angleterre voulut bien loger dans ſon Appartement, lorſqu'elle accompagna le Roy ſon Epoux dans un de ſes voyages de la Trappe. Cette Maiſon Abbatiale a ſon jardin, qui n'eſt ſeparé de ceux du Monaſtere que par une muraille & un canal, ſur lequel on a conſtruit un Pont.

Le chemin qui conduit à l'Egliſe & à la porte des logemens reguliers, eſt bordé de paliſſades d'épines blanches à hauteur d'appuy. Sur la gauche de ce chemin eſt une maiſon bâtie pour des perſonnes de conſideration, qui viennent quelquefois faire des retraites à la Trappe. Ce logement a ſon jardin & ſes remiſes de Carroſſes.

Au bout de ce chemin on apperçoit à gauche divers autres Bâtimens pour les uſages de l'Abbaye. Un Fourny, une Boulangerie, une Braſſerie, une Infirmerie pour des Freres Convers, un Logement pour les incurables, un Appartement pour les Freres donnez, des boutiques de Menuiſerie, un grand Bûcher, des Forges & des Granges, ont été conſtruits hors de l'enceinte du Monaſtere. Ainſi la tranquilité que les Religieux goûtent dans l'interieur de leur clôture, n'eſt point troublée par le bruit qu'on entend au dehors.

L'Egliſe a quelque choſe d'auguſte. On y deſcend par ſix marches: Elle eſt ſoûtenuë par vingt-un piliers, dont deux ſont adoſſez aux pignons qui luy ſervent comme de Portail. En y comprenant les aîles elle a dans œuvre vingt-trois toiſes de long ſur neuf toiſes & quatre pieds de large.

Un retranchement de hautes baluſtrades forme un Chœur pour les Freres Convers ſéparé de celuy des Peres.

Dans l'enceinte de cette clôture on a érigé deux Autels; l'un eſt dédié à la ſainte Vierge, & l'autre eſt privilegié en faveur des Morts. La Nef de l'Egli-

ſe

ſe eſt percée au Midy d'onze fenêtres, & de huit ſeulement du côté du Cloître. Pour les aîles de l'Egliſe on y compte neuf fenêtres du côté du Midy.

Le Chœur où les Religieux chantent les loüanges de Dieu avec une modeſtie & un receüillement qui attendriſſent juſqu'aux perſonnes les moins pieuſes, eſt orné avec décence, & la propreté en eſt la principale décoration. Il eſt garny de cinquante formes hautes, & de quarante-deux baſſes. L'Autel principal a de la grace dans ſa ſimplicité; il eſt conſtruit de pierre à l'ancienne moderne: un bas relief qui repreſente JESUS-CHRIST en Croix & les douze Apôtres, en fait tout l'ornement. Au deſſus eſt l'image de la ſainte Vierge debout; elle tient ſon Fils ſur le bras gauche, & de la main droite elle porte un petit pavillon ſous lequel eſt ſuſpendu le tres-ſaint Sacrement; un Crucifix, & deux branches qui portent deux cierges, font toute la parure de l'Autel. On n'a employé ny la ſoye ny la broderie, pour ſervir à la décoration du Sanctuaire.

Aux deux côtez du Sanctuaire ſont deux Chapelles ; la droite eſt dédiée à S. Pierre, & la gauche à S. Bernard.

Le derriere du Chœur eſt orné de quatre Chapelles. La premiere eſt dédiée à ſaint Jean Climaque ; la ſeconde à l'Aſſomption de la ſainte Vierge ; la troiſiéme à ſaint Jean Baptiſte , & la quatriéme à ſaint Zozime & à ſainte Marie l'Egyptienne. Le Clocher eſt bâti en octogone en forme de Dôme. Enfin le comble de l'Egliſe couvert de tuile, a la forme d'un Navire renverſé. C'eſt-là que la voix de ces pieux Solitaires retentit à differentes heures d'une maniere harmonieuſe dans la ſimplicité du chant, & nulle part leur ferveur n'éclate davantage qu'en la préſence des ſaints Autels.

Lors qu'on eſt arrivé à la porte du Monaſtere, on y trouve un Frere qui en eſt le Portier. Auſſi-tôt il ſe proſterne devant celuy qui arrive , comme Abraham ſe proſterna devant les Anges déguiſés en voyageurs : enſuite il vous conduit en ſilence dans l'Egliſe, & de-là dans le logis deſtiné pour les hôtes.

Cet Appartement eſt encore ſéparé du Cloître des Religieux ; on y entre par trois portes. A gauche eſt celle de la Salle où l'on ſert à manger aux ſurvenans. Au côté droit eſt la porte d'un Corridor qui conduit aux Chambres où l'on reçoit les hôtes. La troiſiéme conduit à la Tribune qui eſt au bas de l'Egliſe. On monte encore par ces degrez à l'Infirmerie des Religieux ; c'eſt dans cet Appartement conſacré à l'hoſpitalité que la liberalité de ces ſaints Religieux éclatte , ſans donner d'atteinte à la frugalité.

Le Cloître eſt l'endroit interieur de la Maiſon, & comme le Sanctuaire de la regularité qu'on obſerve à la Trappe:

Il eſt de figure quarrée, & il a ſeize toiſes de long & douze de large. C'eſt-là que ces vertueux Solitaires employent tout le temps qui leur reſte aprés l'Office divin & le travail des mains ; leurs cellules ne leur ſervent que pour y repoſer pendant la nuit. Les lectures & les conferences ſe font en public dans le Cloître, ſans que jamais aucun Religieux ſe dérobe pendant le jour à la vûë de ſes Freres. Pour la commodité des exercices qui s'y font, on l'a en partie vitré & parquetté.

Le Chapitre a ſon entrée ſur le Cloître ; c'eſt une ſalle carrée & voûtée en croix d'ogive, le Pere Abbé y tient une place diſtinguée & élevée ſur une eſtrade. C'eſt-là que les Religieux écoutent les reprehenſions de leur Superieurs avec humilité, & qu'ils témoignent le repentir qu'ils ont de leurs fautes par leurs proſternemens. Proche le Chapitre eſt un paſſage pour entrer au jardin : Là les Religieux ſe rangent en haye, un outil à la main & des ſabots aux pieds, & là ils y attendent le ſignal pour aller au travail des mains. Dans un autre côté du Cloître eſt le Refectoire des Religieux du Chœur, & à côté celuy des Freres Convers. On a pratiqué une communication de l'un à l'autre, afin que ceux-cy puſſent entendre la lecture qui ſe fait au grand Refectoire: il aboutit à la Cuiſine, qui par une petite cour communique avec la cour des Freres Convers, où, en differentes boutiques, chacun d'eux s'exerce en divers métiers. Au bout eſt l'ouvroir commun des Religieux du Chœur; c'eſt-là qu'ils travaillent en ſilence lors que le mauvais tems les empêche d'aller cultiver la terre.

Deux Dortoirs occupent tout l'étage d'enhaut; l'un eſt deſtiné aux Religieux du Chœur, & l'autre aux Freres Convers; car ceux-cy ne ſont jamais mêlés avec ceux-là. A main droite du côté du jardin, eſt le Cimetiere des Religieux, au milieu duquel eſt placé le tombeau de Monſieur l'Abbé de Rancé : comme les Religieux y vont ſouvent faire leurs prieres, on a conſtruit deſſus un petit cabinet de neuf pieds de long ſur ſix pieds de large. La ſepulture des ſimples Religieux n'eſt marquée que par une croix de bois où l'on inſere une plaque de plomb, ſur laquelle on écrit le nom, le Dioceſe & la Ville du deffunt.

Le jardin du Monaſtere eſt aſſez irregulier. Les murailles qui en font la clôture forment pluſieurs angles, elles ſont palliſſées d'échalats & d'arbres en eſpaliers ; ce jardin eſt percé de pluſieurs allées que l'on a bordé de groſeliers : les plattes bandes ſont plantées d'arbres fruitiers : Enfin le terrain y eſt tellement ménagé, que l'on cultive juſques au milieu même des allées. Les legumes qu'on y ſéme ſont arroſées par l'eau d'une fontaine qui eſt à gauche, & par celle d'un canal qui vient du jardin Abbatial, dont une partie fait moudre le moulin de la Maiſon, & l'autre partie paſſe ſous le Monaſtere, & va ſe jetter dans l'Etang de la Forge qui eſt dans les prairies. C'eſt principalement dans ce jardin que les Religieux s'exercent au travail des mains, qu'ils ſe délaſſent par la fatigue du corps, de celle cauſée par l'attention de l'eſprit à la priere & à la lecture.

A côté gauche du Jardin il y a une porte par laquelle ou entre dans une tres-belle allée qui conduit au bois de reſerve, ſur la droite de laquelle on trouve un grand verger partagé en neuf carrez, bordez d'arbres fruitiers à plein vent.

Par une grande porte on eſt conduit du jardin ſur la chauſſée d'un Etang; elle eſt bordée d'une allée de charmilles qui communique au bois de ſaint Bernard. C'eſt là que l'Abbé de Rancé a ménagé un cabinet de verdure qui sert aux Conferences. De tous côtez il est entouré de palissades. En ce lieu vrayment solitaire, les disciples de ce saint Abbé assis sur des sieges de gazon entendoient souvent de la bouche de leur Maître les exhortations pathetiques qui les encourageoient à porter avec joye les rigueurs de la vie Monastique. Ce bois est couppé de plusieurs ruisseaux qui y entretiennent la fraîcheur & la verdure. On est sur tout penetré de devotion à la vûë d'un Oratoire fait de mousse en forme de grotte, où saint Bernard en contemplation est representé au naturel.

Les promenades des Religieux de la Trappe se font toûjours en silence de fil l'un aprés l'autre, & sont toûjours terminées par une Conference sur des sujets de pieté.

A droit & à gauche du bois de saint Bernard sont des prairies, des Etangs & des plantis d'arbres fruitiers. La chaussée de l'Etang qu'on nomme *du*

Courtil,

Courtil, a quelque chose de fort agreable ; sa pente du côté de la prairie est une espece d'amphiteatre garny de sieges de gazon.

La chaussée par le bas est bordée d'une allée large de deux toises, & de flanc ; elle fait face à la prairie : le Bois de saint Bernard, qui se rétrecit de ce côté-là, laisse une ouverture d'environ trente toises, qui fait appercevoir la prairie, & un autre Etang qu'on appelle *de la Forge* : proche de cet Etang sont deux campagnes plantées d'arbres fruitiers ; elles bordent le Bois qu'on appelle *de Reserve*, & qui est situé sur la gauche de cette vûë. De-là on monte sur la chaussée de l'Etang du Courtil ; & de cette élevation on voit au Midy l'Etang *de Chaumont* separé de l'Etang *du Courtil* par une prairie : l'extrémité de la chaussée est fermée par une longue Barriere, & par une porte palissadée. On n'apperçoit que des prairies, que vergers plantez d'arbres fruitiers, dispoſez en allées , que de grands carrez ſemez de legumes.

On a menagé dans le Bois de Reſerve deux cabinets de verdure : l'un ſert à la Conference des Novices, & l'autre eſt deſtiné à la Conference des Religieux du Chœur. La Chaire du Pere Abbé formée de branches d'arbres entrelaſſées , & placée entre deux chênes, ſemble moins avoir été formée par l'Art que par la Nature. Le contour du cabinet eſt bordé de charmilles.

Voilà, SIRE, la deſcription du plan de l'Abbaye de Notre-Dame de la Maiſon-Dieu de la Trappe. La repreſentation en relief que j'ay l'honneur d'expoſer aux yeux de VOTRE MAJESTE' ſe fait bien mieux ſentir qu'on ne le peut faire par le diſcours : je n'ay rien omis de tout ce qui pouvoit donner de l'agréement au plan que je luy préſente. Je ſuis entré dans un détail capable d'amuſer agréablement ſes yeux.

J'ay remply les Etangs de poiſſons ;

je les ay couverts de ces oiſeaux aquatiques, qui s'y retirent en une quantité prodigieuſe. Les prairies ſont pleines de toutes ſortes de beſtiaux. J'ay repreſenté les Religieux de la Trappe dans les divers lieux de leurs exercices, ſoit en leurs marches allant aux Conferences dans les Bois, ſoit au travail & aux autres occupations du dehors. On voit dans la premiere cour cet abord prodigieux de pelerins & de pauvres mendians qui viennent de toutes parts à la Trappe : ces figures ſont d'émail. J'ay tâché d'imiter par la varieté des ſoyes les arbres, les fleurs & les legumes qui croiſſent dans la ſolitude de la Trappe. Des glaces m'ont ſervi à repreſenter les Eaux. J'ay deſſigné le Monaſtere de la Trappe tel qu'il eſt au temps de la plus belle ſaiſon de l'année. Tous les arbres & toutes les prairies ſont couverts de ces fleurs dont le Printemps a coûtume de les revêtir. Et pour en donner encore une connoiſſance plus reguliere, j'ay fait graver des Planches qui contiennent le Plan geometral, les quatre faces des Bâtimens reguliers de cette Abbaye, & les soubassemens de Peintures qui sont expliquées cy-aprés. Au reste, ce lieu si beau, dans la representation, n'est à vray dire qu'un séjour mal-sain, marécageux, & semblable à tous ceux que les premiers disciples de saint Bernard choisissoient autrefois pour en faire le lieu de leur penitence, & pour y consommer leurs jours dans la langueur & dans l'austerité. VOTRE MAJESTÉ pourra d'un coup d'œil visiter ce fameux Monastere que le feu Roy d'Angleterre honora plusieurs fois de sa presence.

Face des Bâtimens reguliers de l'Abbaye de la Trappe par l'Entrée du côté du couchant.

en Janvier 1708.

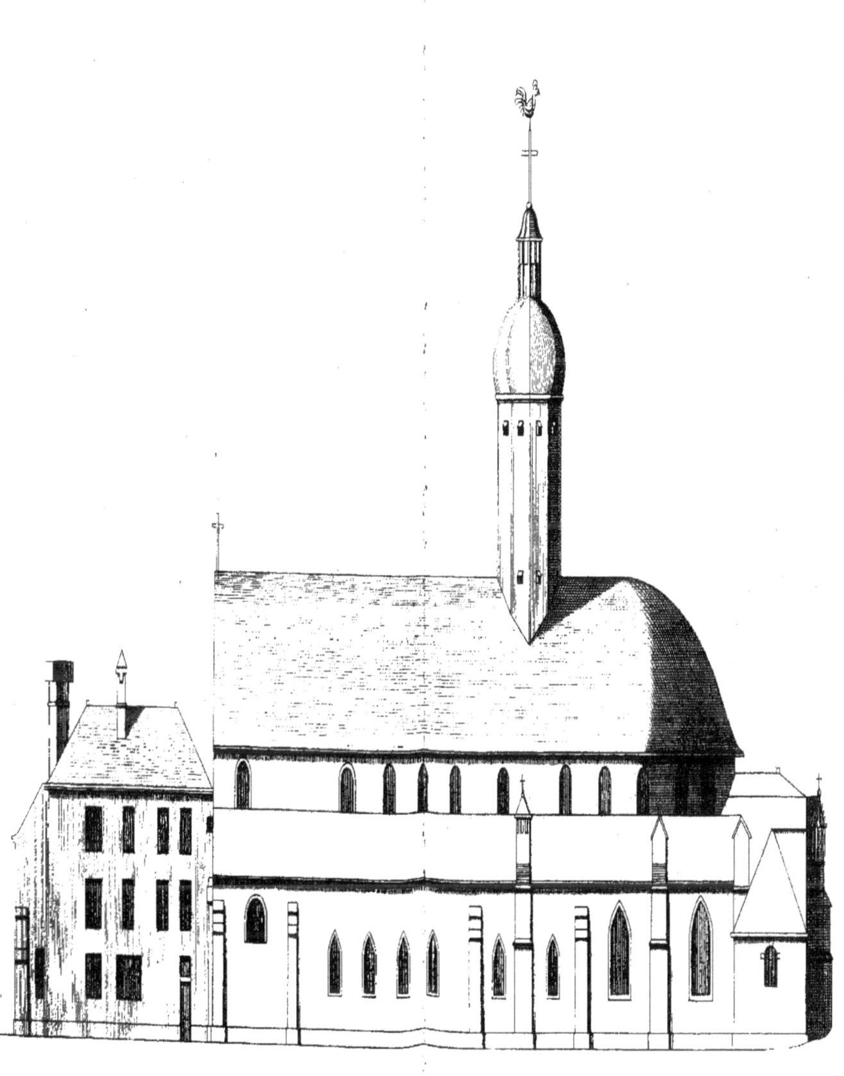

Face des Bâtimens reguliers de l'Abbaye de la Trappe du côté du midy.

en Janvier 1708.

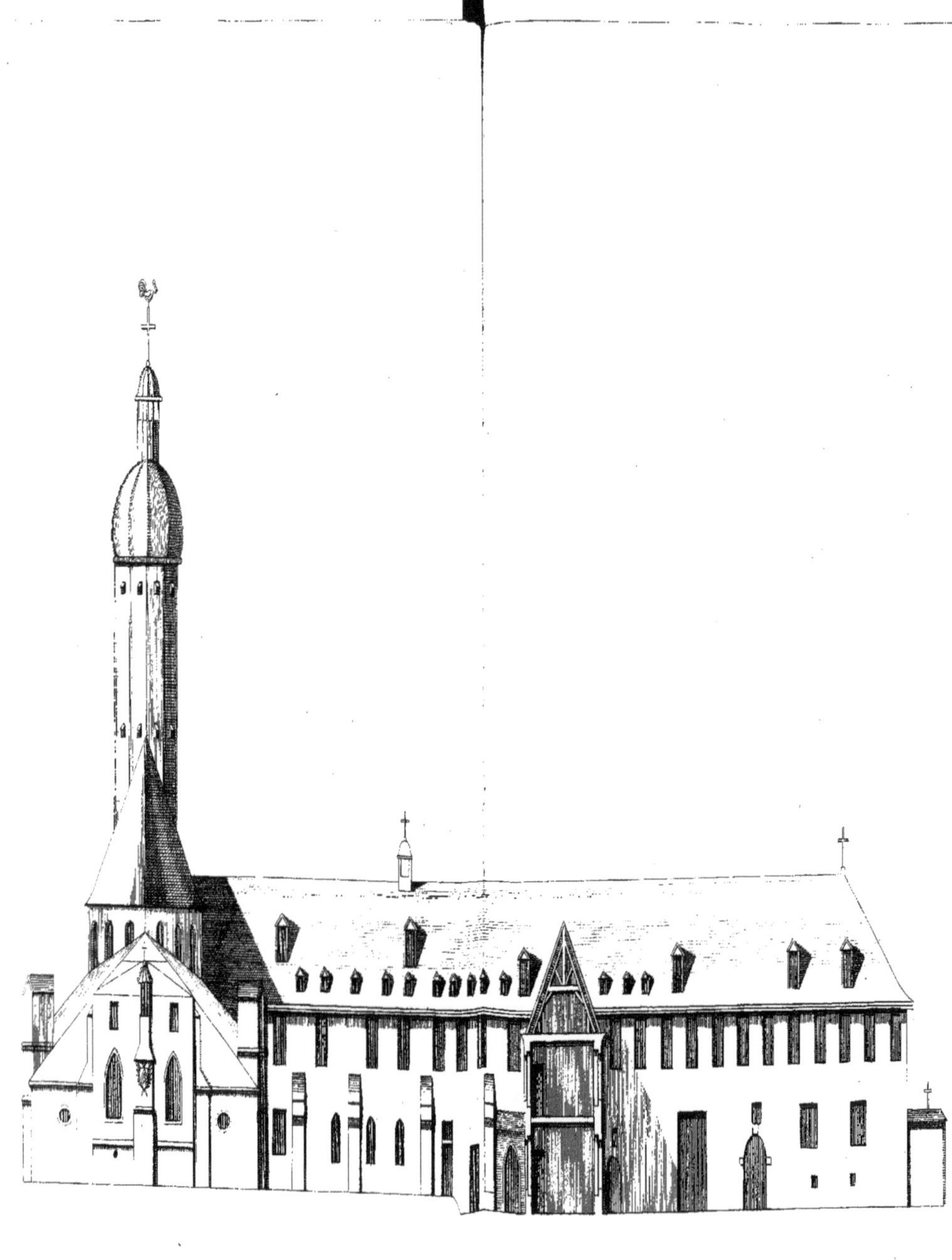

Face des Bâtimens reguliers de l'Abbaye de la Trappe du côté du levant.

en Janvier 1708.

Face des Bâtimens reguliers de l'Abbaye de la Trappe du côté du nord.

en Janvier 1708.

DESCRIPTION DES SOUBASSEmens qui ferment le contour du plan de l'Abbaye de la Trappe.

Pour rendre complet l'Ouvrage que j'ay l'honneur de presenter à VOTRE MAJESTÉ, j'ay fait environner de soubassemens le plan que j'ay élevé de relief. Ces soubassemens consistent en huit Tableaux de Peinture : chaque face du plan en a deux, enrichis de leurs bordures de bois doré. J'ay fait peindre en chacun de ces Tableaux les actions les plus convenables au sujet que j'ay representé de relief. Le premier exprime la fondation de l'Abbaye. Le second represente l'Abbé de Rancé prenant l'habit de Religieux dans l'Abbaye de Perseigne. Le troisiéme Tableau le represente faisant une Conference à ses Religieux dans un Bois. On le voit au quatriéme imposant dans le Chapitre des penitences pour les défauts legers de ses

Religieux. La reception des hôtes paroît dans le cinquiéme, & en particulier celle qu'on fit au Roy d'Angleterre, & à fa fuite. Le fixiéme reprefente les Religieux au Refectoire ; on y voit Sa Majefté Britannique à côté de l'Abbé de la Trappe. Le travail des mains eft la matiere du feptiéme Tableau. Enfin le huitiéme reprefente le reformateur de la Trappe expirant fur la paille & fur la cendre.

Comme il n'a pas été poffible de mettre fous les yeux de VOTRE MAJESTÉ tous ces mouvemens de relief, j'ay crû que la peinture & la graveure fuppléroient à ce défaut ; ainfi l'ornement du contour de la table fur laquelle j'ay deffigné l'Abbaye de la Trappe, remplacera ce qui manque au plan. Je fupplie tres-humblement VOTRE MAJESTÉ d'agréer que je luy décrive chacun des Tableaux en particulier, & que j'exprime par le difcours ce que la peinture expofe à fes regards.

De Rochefort Sculp.

FONDATION de l'Abbaye de la Trappe, par ROTROU, Comte du Perche l'an 1140. sous le Pontificat d'Innocent II. et sous le Regne de Louis VII. Roy de France ; 42. ans apres la fondation de Cisteaux ; 25. ans apres celle de Clervaux.

SUJET DU PREMIER TABLEAU.

Dans un vallon ſolitaire, environné de montagnes, planté de bois, au milieu d'une épaiſſe forêt, paroît le Comte Rotrou Fondateur de l'Abbaye. On le voit à genoux devant la ſainte Vierge portée ſur un nuage; elle tient JESUS-CHRIST ſon Fils entre les bras, & elle eſt accompagnée de ſaint Bernard, cette grande lumiere de l'Ordre de Cîteaux. Le Comte environné d'une troupe de domeſtiques, préſente à JESUS-CHRIST, ſous l'invocation de ſa ſainte Mere, une Egliſe où les diſciples de ſaint Bernard viendront bientôt nuit & jour chanter les loüanges de Dieu. Un Ange préſente à JESUS-CHRIST & à Marie le plan de l'Abbaye de la Trappe. C'eſt-là qu'un grand nombre de ſaints Moines doit s'enſevelir aux yeux du monde, pour ne vivre plus qu'à Dieu.

En effet, les titres de l'Abbaye nous

apprennent que Rotrou Comte du Perche, ſous le Pontificat d'Innocent II. & ſous le regne de Loüis VII. fonda l'Abbaye de la Trappe en l'année 1140. on tranſporta quelques Religieux de l'Abbaye du Breuil-Benoît de l'Ordre de Savigny, pour être les premiers habitans de la Trappe. Huit ans aprés la fondation du Comte Rotrou, l'Ordre de Savigny réüni à celuy de Cîteaux par l'entremiſe de ſaint Bernard, paſſa ſous la filiation de Clervaux; ainſi c'eſt ſous la banniere de ſaint Bernard qu'on a depuis combattu à la Trappe.

Le Bienheureux Adam, ſecond Abbé de ce ſaint Lieu, l'honora par ſa ſainteté, & le rendit fameux par ſes miracles & par ſes ſoins. La ferveur de l'obſervance monaſtique s'y entretint longtemps; & plus de vingt ans aprés la fondation de la Trappe, les Souverains Pontifes l'honoroient encore de leur protection, & confirmoient ſes Privileges par des Bulles.

Les

Les guerres que les Anglois firent en Normandie, furent la cauſe de la décadence, ou ſervirent de prétexte au relâchement de ces vertueux Solitaires. D'abord les ravages où l'Abbaye fut exposée, enleverent aux Religieux le nèceſſaire à leur ſubſiſtance: ils y ſuppléerent avec courage par le jeûne & par le travail; c'étoit un effet violent qui ne dura pas long-temps. Ces Solitaires expoſez ſans ceſſe aux courſes des Anglois ſe ſeparerent, & lorſque la guerre eut ceſſé, ils rapporterent à la Trappe l'air contagieux du monde, qu'ils avoient reſpiré hors du Monaſtere. Le Concordat paſſé entre Leon X. & François I. mit les revenus de l'Abbaye entre les mains des Abbez Commendataires; ce changement ne rétablit point la regularité parmy des Religieux tout-à-fait déchus de l'ancienne ferveur qui regnoit autrefois dans leur Monaſtere: la licence crut parmy eux, & vint à un excés qui les rendit non-ſeulement diſſemblables à leurs Prédeceſſeurs, mais un objet de ſcandale à tout le pays. On peut dire que la Maiſon de Dieu devint, à la lettre, une retraite de voleurs. Les lieux reguliers, en partie deſerts, & en partie habitez par des perſonnes ſeculieres, étoient preſque ruinez. Un petit nombre de Religieux, qui n'en avoient que le nom, & qui n'en portoient preſque plus l'habit, n'ayant plus d'habitation fixe, cherchoient ſouvent dans leur propre Monaſtere une retraite ſous des reſtes de maſures, occupées par des perſonnes du ſiecle. Tel étoit l'état de la Trappe lorſque Monſieur l'Abbé de Rancé entreprit de le réformer.

Armand Jean de Bouthillier de RANCE, prend l'habit Religieux de l'Etroite observance de Cisteaux dans l'Abbaye de Nôtre Dame de Perseigne le 13. Juin 1663. apres avoir donné tout son bien aux pauvres, quitté ses Benefices, ne se reserve que l'Abbaye de la Trappe de l'ordre de S.t Bernard ou il se retire et y met la Reforme.

SUJET DU SECOND TABLEAU.

On y voit l'Abbé de Rancé dépoüillé des vêtemens du ſiecle, & prendre l'habit de Religion dans l'Abbaye de Perſeigne. Les Religieux de ce ſaint Lieu paroiſſent étonnez & édifiez tout enſemble, de la genereuſe reſolution que l'Abbé de la Trappe a formée. L'on apperçoit ſur le viſage du vertueux Novice un air de joye & de pieté qui font tout eſperer de ſa perſeverance.

On peut dire que la conſecration de Monſieur de Rancé à l'Ordre de Cîteaux ſervit à rendre à l'Abbaye de la Trappe encore plus d'éclat qu'elle n'en eut au premier temps de ſon établiſſement. Il ſemble que la Providence l'y conduiſit elle-même comme par la main. Rien n'a été plus admiré de nos jours que la grace qui l'enleva au ſiecle pour l'attacher ſans retour & ſans adouciſſement à la penitence la plus auſtere. Le recit du changement de l'Abbé de la Trappe eſt trop édifiant pour le paſſer ſous ſilence.

Armand-Jean le Bouthilier de Rancé nâquit à Paris le 9. Janvier 1626. il eut pour pere Denis le Bouthilier de Rancé, Conſeiller d'Etat ordinaire du Roy. Sa mere fut Charlotte de Fleu-ry-Joly, d'une illuſtre Maiſon de Bourgogne. Son éducation fut conforme à ſa naiſſance, & ſon eſprit ſurpaſſoit encore les ſoins de ſon éducation. Rien de plus agréable que ſa phyſionomie, & rien de plus aiſé & de plus engageant que ſes manieres. Quoyqu'il fût deſtiné à la profeſſion des armes, dans l'Ordre de Malthe, ſon inclination dés ſa premiere jeuneſſe ſe déclara pour les Lettres : il cultiva ſon eſprit par la lecture des excellens Ouvrages que l'antiquité Grecque & Latine nous a laiſſez. Ses Maîtres étoient ſurpris de la facilité & de la penetration de ſon eſprit.

La mort d'un de ſes freres fit changer la deſtination du jeune Armand. Pour conſerver dans ſa famille les Benefices dont ſon aîné avoit été revêtu, on le fit entrer dans la Clericature. La volonté de ſes parens luy tint lieu de vocation. A l'âge d'onze à douze ans le jeune Abbé joüiſſoit déja d'environ vingt mille livres de rente des revenus Eccleſiaſtiques. Un Canonicat de Notre-Dame de Paris, l'Abbaye de la Trappe, celle de Notre-Dame du Val, & celle de S. Symphorien de Beauvais, auſſi-bien que les Prieurez de Boulogne & de ſaint Clementin, furent les principaux de ſes Benefices.

L'ample patrimoine dont il commença de joüir à l'âge de vingt ans, où il perdit Monſieur ſon pere, augmenta conſiderablement les fonds qu'il tiroit de l'Egliſe: il étoit pour lors à la fleur de l'âge; & comme les avantages de l'eſprit & du corps le rendoient agréable au monde, les paſſions alors dans leur force luy rendoient le monde aimable. Le ſoin de ſa reputation & l'amour de ſa fortune ſuſpendirent ſouvent en luy une ardeur trop vive pour les plaiſirs d'éclat ; du reſte le faſte & la vanité occuperent ſon eſprit, & les belles paſſions (c'eſt ainſi que le ſiecle corrompu les appelle,) ſéduiſirent ſon cœur. La magnificence de ſes équipages, la délicateſſe de ſa table , & la paſſion pour la chaſſe furent ſes moindres dereglemens.

L'ambition ne fut pas éteinte dans l'Abbé de Rancé par l'emportement au plaiſir ; ce fut elle qui l'engagea à prendre la Prêtriſe des mains de ſon oncle l'Archevêque de Tours, & à recevoir le Bonnet de Docteur. Si ſon bel eſprit le rendoit digne de ce grade éminent dans la Litterature, ſa vie peu reguliere devoit l'éloigner du Sacerdoce ; mais il avoit alors des prétentions auſquelles la Prêtriſe & le Doctorat devoient ſervir comme de diſpoſitions.

Cependant Dieu regardoit toûjours avec ſes yeux de miſericorde l'Abbé de Rancé, & ſa lumiere luiſoit par intervalle à ſon eſprit. La mort de Monſieur de Chavigny, Miniſtre d'Etat, ſon couſin germain, & un danger évident de perdre la vie, qu'il évita par une protection ſinguliere de Dieu, luy firent faire de ſalutaires réflexions. Son ambition étoit un peu rallentie ; mais le charme qui faſcinoit ſon cœur n'étoit pas encore levé. Deux ſpectacles touchans acheverent de le ramener à Dieu : l'un fut la mort d'une Ducheſſe, à laquelle il s'étoit accoûtumé de rendre des aſſiduitez ; & l'autre fut la mort de Gaſton de France : l'Abbé de Rancé y aſſiſta en qualité de ſon Grand Aumônier. Ces deux accidens luy firent comprendre tout à la fois & la vanité des grandeurs du ſiecle, & le neant des plaiſirs de la terre, qui s'échappent dans le temps qu'on eſt plus en état d'en joüir.

La retraite que fit l'Abbé de Rancé remplit ſon cœur du deſir d'une vie nouvelle : il conçut de l'horreur pour les engagemens qu'il avoit pris avec le monde : il ſongea de s'en ſeparer. Les grands biens d'Egliſe & de patrimoine dont il joüiſſoit, avoient ſervi d'alimens à ſa cupidité : il réſolut de s'en dépoüiller. Le commerce du monde luy avoit été fatal, il voulut le rompre d'abord. Verret, belle Maiſon de campagne dans la Touraine, fut conſacrée par ſes premieres ferveurs. Le monde parla ſur ſon nouveau projet de retraite : on l'attribua à l'ambition ou à la legereté. Monſieur l'Abbé de Rancé laiſſa parler le monde, & le détrompa par ſa perſeverance : enfin ſa fidelité à la grace fléchit le cœur de Dieu en ſa faveur. Le Seigneur luy fit entendre ſa voix, & malgré ſes repugnances naturelles, il l'appella au Deſert.

La vocation à la vie Monaſtique produiſit dans le cœur de l'Abbé de Rancé

Rancé un dégoût univerſel pour tous les attachemens du monde : il n'eut plus d'empreſſement que pour ſe dépoüiller des biens dont l'Egliſe & la naiſſance l'avoient revêtu. Il donna à ſon frere & à ſa ſœur tout ce qu'ils pouvoient prétendre de la ſucceſſion de leur pere. Il vendit ſon patrimoine, il récompenſa ſes domeſtiques, & donna tout le reſte de ſon bien à l'Hôtel-Dieu, & à l'Hôpital General de Paris. Ses Benefices étoient pour luy, depuis quelque temps, un poids dont il ſe déchargea avec joye : il s'en démit, & ſe réduiſit à la ſeule Abbaye de la Trappe. L'eſperance de la reformer un jour, fut le principal motif de cette unique reſerve qu'il fit dans ſon ſacrifice.

Il eſt plus aiſé de fonder pluſieurs Monaſteres, que d'en reformer un ſeul. Le vice & la licence avoient pris de trop fortes racines à la Trappe pour pouvoir être arrachées ſans peine. Cependant l'Abbé de Rancé ne deſeſpera pas d'achever l'ouvrage pour lequel il ſe croyoit deſtiné. Il ſe tranſporta donc à la Trappe, ſeul domicile qui luy reſtoit, & prit la faucille à la main pour couper les ronces du Deſert ; mais les déſordres renaiſſoient à meſure qu'il s'efforçoit de les extirper. En vain il parla aux Religieux, en vain il les exhorta à ſe contraindre juſqu'à faire ceſſer les ſcandales. Ses paroles & ſes exhortations ne furent point écoutées par des hommes charnels qui ne reconnoiſſoient point ſon autorité.

L'Abbé prit alors le ſeul parti qu'il reſtoit à prendre ; c'étoit d'appeller les Religieux de l'Etroite Obſervance, & de les mettre en poſſeſſion du Monaſtere. L'oppoſition des anciens Religieux ſuivit de prés la declaration de leur Abbé ; mais dans la double neceſſité où ils ſe trouverent, ou de ſe reformer eux-mêmes, ou de ſouffrir qu'on introduisît la reforme à la Trappe, il fallut accepter le dernier party qu'on leur propoſa. La fureur de ces déterminez alla à de grands excés. On menaça l'Abbé de le poignarder, de l'empoiſonner, ou de le noyer dans les Etangs de l'Abbaye. Monſieur de Rancé mépriſa toutes ces menaces, & leur arracha enfin le conſentement de ceder le Monaſtere de la Trappe à des Religieux reformez: le Concordat en fut paſſé le 17. Aouſt 1662. & fut enſuite homologué au Parlement de Paris le 16. Fevrier de l'année ſuivante.

Il ne reſtoit plus à Monſieur l'Abbé de Rancé, pour achever le ſacrifice qu'il méditoit de faire, que de mettre l'Abbaye de la Trappe en Regle, & de s'en aſſurer la poſſeſſion en qualité d'Abbé regulier; c'étoit une précaution que des perſonnes également pieuſes & zelées luy avoient conſeillé de prendre, afin qu'il pût conduire l'œuvre de Dieu à ſa perfection. VOTRE MAJESTÉ eut la bonté de luy accorder le Brevet qu'il souhaitoit le 10. May 1663. & ceda ses droits en faveur d'un établissement si glorieux à la France. Le Pape établit l'Abbé de Rancé en titre d'Abbé Regulier de la Trappe, & luy en donna l'autorité. Alors, dégagé de tous les soins du siecle, il vole à l'Abbaye de Perseigne, il y prend l'habit de Religieux dans l'Ordre de Cîteaux, & il commence la penible carriere de penitence, qu'il ne finit qu'à la mort.

De Rochefort Sculp.
en Janvier 1708.

Conference des Religieux dans les bois de la Trappe, ou l'Abbé de RANCÉ leur explique les obligations de la vie Religieuse selon la Regle de S.t Benoist.

SUJET DU TROISIÉME TABLEAU.

On y voit Monſieur l'Abbé de la Trappe environné de ſes Religieux, & aſſis ſur un ſiege de gazon. Un Ange luy preſente la Regle de ſaint Benoît, qui faiſoit le ſujet le plus ordinaire de ſes Conferences. Le vertueux Abbé l'explique à ſes diſciples avec zele, & d'une maniere patetique. Les fervens Religieux qui l'ont ſuivy au Bois de la Conference, paroiſſent touchez des exhortations de leur Abbé.

Le Noviciat que Monſieur l'Abbé de Rancé fit à Perſeigne, remplit ſon eſprit des idées de la plus ſublime perfection Monaſtique, & ſon cœur du deſir ardent de l'embraſſer. Il ſe rapprocha en eſprit de ces temps heureux où ſaint Bernard avoit porté la penitence du Cloître auſſi loin que la foibleſſe humaine peut aller. Ainſi l'étroite obſervance, qui alors ſe gardoit à

Perſeigne, & qu'il avoit introduite à la Trappe, ne luy paroiſſoit pas encore aſſez auſtere. La réforme que ſaint Bernard avoit établie de ſon temps, étoit le modele qu'il s'étoit propoſé. *Non*, diſoit-il, *les hommes d'aujourd'huy n'ont pas moins de forces de corps ni de conſtance que les hommes d'autrefois. Capables de ſoutenir en ce ſiecle, comme au temps de ſaint Bernard, les plus grandes rigueurs de la vie cenobitique, ils ne manquent que de guides qui les conduiſent dans les rudes ſentiers du Deſert.* Il ſe ſentit inſpiré de leur en ſervir, & de montrer, par ſon exemple, que les anciennes rigueurs du Cloître ne ſont pas impraticables, même à des hommes d'une complexion délicate.

L'année d'épreuve du fervent Novice ſe paſſa à former & à executer en partie dans ſa perſonne le projet dont il étoit remply. Cependant le temps de ſa profeſſion approchoit : il n'ignoroit pas que la conſecration de ſoy-même à Dieu devoit être précedée d'un dépoüillement univerſel. Dans cette vûë il fit ſon teſtament : il y exprima ſa douleur d'avoir abuſé long-temps des revenus Eccleſiaſtiques, & ſur tout du dommage que ſa negligence avoit cauſé dans l'adminiſtration des biens de l'Abbaye de la Trappe. Pour ſatisfaire en partie à un devoir de juſtice, il donna au Monaſtere de la Trappe tous les meubles qu'il y avoit mis, & particulierement ſa Bibliotheque, & ordonna que pour quelques raiſons que ce puiſſe être, elle ne peut jamais en être tranſportée.

Juſqu'alors l'Abbé de Rancé avoit tenu en commande l'Abbaye de la Trappe : il reçut ſes Expeditions de Rome pour la tenir en Regle. C'étoit une précaution neceſſaire pour executer le plan de réforme que le Ciel luy avoit inſpiré. Enfin il fit profeſſion le 26. Juin 1664.

Lors qu'on eut pris poſſeſſion de l'Abbaye de la Trappe pour Monſieur de Rancé, en qualité d'Abbé Regulier, il reçut la benediction Abbatiale au Monastere de saint Martin de Séez. Sans doute que le Ciel augmenta alors dans luy cet esprit de sagesse & de direction si necessaire pour commencer le grand Ouvrage dont la Providence l'avoit chargé. Etant de retour à la Trappe, il y trouva une Communauté peu nombreuse ; mais composée de Religieux fervens & dociles. Ce fut en eux qu'il s'appliqua de ranimer l'esprit de saint Bernard dans toute sa perfection. La voye des Conferences luy parut la plus propre pour les amener au point où il les vouloit. Par de frequens discours, & par des exhortations vives, il leur retraçoit les anciens usages de Cîteaux & de Clervaux. Sur tout il introduisit parmy eux un silence perpetuel. Il étoit persuadé que moins ses Religieux auroient de communication ensemble, plus ils seroient en état de goûter Dieu. Il leur retrancha

cha donc toutes ſortes de recreations. Les promenades communes, & ſur tout celles qu'on appelle *grandes ſorties*, n'eurent plus de lieu à la Trappe. Il y ſuppléa en quelque ſorte, en établiſſant des Conferences qui ſe faiſoient dans un Bois agréable ſous un Berceau : là les Religieux ſe rendoient en ſilence, & y écoutoient la voix de leur Paſteur.

Les ſujets que Dom Armand choiſiſſoit pour l'inſtruction de ſes chers diſciples, ne rouloient point ſur les matieres ſubtiles de la Theologie, quoyqu'il y fût fort verſé ; il craignoit qu'elles n'alteraſſent dans les ſiens l'eſprit de ſolitude. Il ne prêchoit ſes Moines que pour exciter dans leurs cœurs des ſentimens de componction. Les actions des Peres du Deſert, que S. Jean Climaque nous a repreſenté, étoient les modeles qu'il leur propoſoit. Les exhortations de ſaint Baſile, & les Conferences de Caſſien, étoient les regles des fiennes. On retrouve les fentimens qu'il infpiroit à fes difciples, comme rëünis dans le Livre *des Devoirs de la vie Monaftique*, que le vertueux Abbé nous a laiffé. C'eft un monument éternel de la beauté de fon efprit, & des idées fublimes de perfection dont il étoit remply.

de Rochefort Sculp.
en Janvier 1708.

L'Abbé de RANCÉ rétablit le Chapître des Coulpes, selon la Regle de S.t Benoist.

SUJET DU QUATRIÉME TABLEAU.

On y voit l'Abbé de la Trappe tenant le Chapitre, & faiſant pratiquer à ſes Religieux l'eſprit de penitence & d'humilité qu'il leur prêchoit. Il paroît aſſis ſur ſon ſiege Abbatial. Ses Religieux aſſemblez écoutent ſes reprehenſions avec modeſtie. Les fautes les plus legeres y ſont expiées par des proſternemens, & les Reglemens maintenus par la correction de ceux qui ſe ſont émancipez à les enfraindre.

La perſuaſion où étoit l'Abbé de la Trappe, que le déreglement ne s'eſt introduit dans les Cloîtres qu'à la faveur de l'impunité, luy fit rétablir l'uſage frequent du Chapitre : il le tenoit donc tous les jours, & employoit au moins une demie-heure à un exercice ſi utile. La grace du Seigneur avoit répandu tant de perfection à la Trappe, qu'il étoit difficile de trouver tous les jours de nouvelles corrections à faire.

Le saint Abbé y suppléoit par de ferventes exhortations. Il remontroit à ses Religieux les dangers du monde, dont le Seigneur les avoit délivrez : il les affectionnoit au genre de vie auquel ils avoient été appellez : il leur faisoit estimer les avantages de la solitude : il les animoit à la penitence : il leur expliquoit les points douteux ou contestez de la Regle de saint Benoît : il remplissoit leur cœur du desir de la beatitude éternelle : il leur faisoit apprehender les jugemens de Dieu : il leur faisoit des portraits aimables de la vertu : il leur donnoit de l'horreur des moindres pechez. Ses exhortations étoient quelquefois suivies des accusations mutuelles que faisoient les Religieux des plus legeres infractions de la Regle. L'Abbé de la Trappe jugea à propos de les rétablir parmy les siens.

C'étoit un ancien uſage de l'Ordre de ſaint Benoît, qu'il trouvoit exprimé dans la Regle de ce ſaint Patriarche, par le mot de *Proclamations*. Les moindres contraventions au bon ordre de la diſcipline étoient ſur le champ punies par des penitences proportionnées au déreglement qu'il falloit corriger. Autant que l'Abbé étoit doux & traitable dans le particulier, pour s'attirer la confiance de ſes Religieux, autant il étoit ſevere en public. Il ſe ſouvenoit que le Seigneur avoit pris le foüet à la main pour vanger les profanations du Lieu ſaint. Par là il ſçut maintenir à la Trappe une regularité qui ne s'alterera point, tandis qu'on ſe ſervira des mêmes moyens pour l'entretenir.

SUJET DU CINQUIÉME TABLEAU.

La reception des hôtes y eſt repreſentée. Quoyque l'Abbaye de la Trappe fût frequentée par l'abord des perſonnes de toutes les conditions, jamais cependant elle ne fut plus honorée que par la viſite du Roy d'Angleterre. On apperçoit donc dans ce Tableau l'Abbé de la Trappe proſterné aux pieds de ſa Majeſté Britanique. Ce Prince reçoit les premieres ſalutations des Religieux de ce ſaint Monaſtere, & luy & ſa ſuite ſont introduits dans l'interieur de l'Abbaye.

L'hoſpitalité eſt en effet un point de la Regle de ſaint Benoît, dont le vertueux Abbé n'eut garde de ſe diſpenſer à la Trappe. Il ſçavoit que les Monaſteres de Religieux ne ſont établis que pour conſerver l'eſprit de la primitive Egliſe : il n'ignoroit pas auſſi que l'hoſpitalité étoit une coûtume in-

De Rochefort Sculp.
Janvier 1708

Reception des Etrangers à l'Abbaye de la Trappe

Jacques II. Roy d'Angleterre y fit vn Voyage le 20. Novembre 1690. l'Abbé de Rancé le reçut prosterné à ses pieds.
C'est la coutume de ces pieux solitaires, d'en vser ainsi a l'egard de ceux qui les viennent visiter.

violable parmy les premiers Chretiens. Les anciens Solitaires ne l'avoient point negligée : ils s'en étoient fait un point capital ; ainſi quoyque Dom Armand ne craignît rien plus que le commerce du monde, & quoyqu'il apprehendât qu'il n'apportât un air contagieux dans le deſert, il ſuivit l'eſprit de ſa Regle, & la coûtume des premiers Fideles. Il prit donc toutes les précautions neceſſaires pour empêcher que le concours des perſonnes du ſiecle à la Trappe ne devint funeſte à ſes Religieux, ſans détruire cet eſprit de charité qui fait l'ame du Chriſtianiſme.

Rien de plus édifiant que la maniere dont l'Abbé voulut qu'on reçût les hôtes à la Trappe : on y eſt ſurpris, en y arrivant, de l'humilité du Religieux qui a ſoin de les recevoir. La propreté des Appartemens où l'on les loge eſt jointe à une modeſtie & à une ſimplicité vrayment Religieuſe. On admire le ſoin & l'attention qu'on a pour fournir à tous les besoins de ceux qui y logent. Le connu comme l'inconnu, le pauvre comme le riche, tous y sont admis, sans s'informer qui ils sont. Il est vray que la somptuosité des repas qu'on y sert n'est point une amorce pour y attirer les passans. Outre les œufs, on ne presente aux hôtes que les mêmes legumes qu'on sert ordinairement à la Communauté, mais beaucoup mieux apprêtées.

Les services de l'hospitalité se rendent à la Trappe par des Religieux députez à ce saint exercice. Leur silence & leur modestie ne diminuënt rien de leurs soins. On s'apperçoit bien qu'ils regardent JESUS-CHRIST dans la personne de ceux qu'ils reçoivent. Pendant le repas on fait aux hôtes la lecture du Livre de l'Imitation. Leur Appartement communique avec l'Eglise où ils peuvent aller faire leurs prieres dans une grande Tribune, & assister aux Offices du jour & de la nuit.

nuit. Du vivant de l'Abbé de Rancé on comptoit chaque année plus de 6000. perſonnes qu'on y logeoit, & qu'on y défrayoit ſouvent pendant pluſieurs jours.

La regularité de ces fervens Religieux, & la reputation de leur Abbé, y attirerent tout ce qu'il y avoit de grand dans l'Egliſe & dans l'Etat. Des Cardinaux, des Archevêques, des Evêques, des Princes & des Princeſſes du Sang Royal, vinrent quelquefois prendre leur part du plus beau ſpectacle de Religion qui fut en France. Enfin le Roy d'Angleterre Jacques II. plus illuſtre encore par ſa pieté que par la nobleſſe de ſon Sang, eut recours aux lumieres de Dom Armand, & vint profiter de ſes exemples : ce fut le 20. Novembre de l'année 1690. Voicy de quelle maniere on le reçut.

Auſſi-tôt que l'Abbé eut appris l'arrivée du Roy, il vint à la porte du Monaſtere. C'eſt une coûtume, comme j'ay déja dit, parmy ces vertueux Solitaires, de se prosterner en la presence de ceux qui les visitent. Dom Armand eut une nouvelle raison de s'humilier profondément en la presence d'un si grand Roy. Sa Majesté Britanique ne vit qu'avec peine l'Abbé de la Trappe à ses pieds : il le releva à l'instant, & luy demanda sa benediction. L'Abbé luy fit alors sa harangue en ces termes: *SIRE, Dieu me visite aujourd'huy en la personne de VOTRE MAJESTÉ ; c'est une grace & un honneur dont nous ne sommes pas dignes ; mais c'est en même temps une consolation que je ne puis exprimer. Quel bonheur pour nous de voir en ce Desert ce grand Prince pour lequel nous offrons à Dieu des prieres continuelles ! Oüy, SIRE, nous ne demandons rien à Dieu avec plus de ferveur sinon qu'il accorde à votre Personne sacrée toute la force & toute la protection qui luy est necessaire ; qu'il la comble de ses graces, & qu'il luy donne enfin cette Couronne immortelle, préparée à tous ceux qui ont le bonheur, comme* VOTRE MAJESTÉ, *de ſuivre* JESUS-CHRIST, *& de le préferer à toutes choſes.*

Pour répondre à ce compliment, le Roy dit en peu de mots qu'il avoit de la joye de ſe voir dans un lieu pour lequel il avoit toute l'eſtime deuë à la pieté dont on y fait profeſſion. Le Roy fut d'abord conduit à l'Egliſe, & il y fit ſa priere; de-là il fut remené dans une Salle où l'Abbé de la Trappe eut l'honneur de l'entretenir ſeul: cependant Complies ſonnerent, & le Roy qui voulut y aſſiſter fut placé dans la Chaire Abbatiale qu'on avoit préparée pour le recevoir. SA MAJESTÉ fut ſi charmée de la devotion de ces ſaints Solitaires, qu'Elle voulut encore aſſiſter aprés Complies à une Méditation d'un quart-d'heure, qui finit à la Trappe tous les exercices de la journée.

Le lendemain le Roy aſſiſta à tous les Offices, & communia à la grande

Messe ; aprés sa Communion il eut la consolation d'entendre chanter par le Chœur ces paroles du Pseaume 118. si convenables à son état present. *Que les superbes soient confondus, parce qu'ils m'ont persecuté injustement. Pour moy, Seigneur, mon occupation sera de méditer vos Commandemens, & d'accomplir vos préceptes, afin qu'un jour je ne sois point confondu comme eux.* Ce texte au reste si consolant pour le Roy faisoit partie de l'Office du jour, & fut chanté sans affectation en la place que l'Eglise luy a destinée. L'occupation du Roy le reste du jour fut de s'édifier à la veuë des differens exercices de cette sainte Communauté : il ne dédaigna pas même de dîner au Refectoire avec les Religieux. C'est, SIRE, ce qui est representé par le Tableau qui suit.

De Rochefort Sculpsit en Janvier 1708.

Religieux de la Trappe au Refectoire

Jacques II. Roy d'Angleterre dans le voyage qu'il fit le 21. Novembre 1690. y mangea avec l'abbé de Rancé, accompagné du Marechal de Belfonds, du Duc de Barwich, Milord Dunbarthen, et plusieurs autres de sa suite.

SUJET DU SIXIÉME TABLEAU.

On y voit le Roy d'Angleterre mangeant au Refectoire avec la Communauté des Religieux de la Trappe. On y fait la lecture pendant tout le repas, & le Roy veut bien se contraindre d'y garder le même silence que les Religieux.

Un ancien Solitaire n'alloit jamais prendre sa refection qu'en pleurant; c'étoit avec peine qu'il se voyoit réduit à la necessité de donner aux besoins du corps un temps qu'il auroit mieux employé à la nourriture de l'esprit. On peut dire que c'est avec ces mêmes sentimens que les Religieux de la Trappe s'assemblent au Refectoire. L'abstinence & le jeûne ne se pratiquent nulle part avec plus de rigueur. Les œufs & le poisson en sont toûjours bannis. Des herbes, des racines, des legumes & du laitage, sont les seuls mets qu'on y ſert. Les tables n'y ſont point couvertes de nappes, mais elles ſont d'une grande propreté. Chaque Religieux y a ſa ſerviette, dont il étend une partie ſur la table, & l'autre ſur luy. On y mange avec des cuilliers & des fourchettes de buys ; & l'on y boit dans des taſſes de fayance. Le pain qu'on y ſert eſt bis, & la boiſſon eſt du cidre. Le potage des Religieux n'eſt jamais qu'à l'eau & aux herbes, & un peu de lait pour le blanchir ; & les legumes ne ſont jamais aſſaiſonnées avec le beurre aux jours des jeûnes Eccleſiaſtiques, & rarement aux autres jours. Tandis que la Communauté eſt au Refectoire, les portes de la Maiſon ſont fermées, & on en apporte les clefs au Pere Abbé ; ainſi nul n'eſt diſpenſé de ſe trouver à l'heure de la refection commune. Ce qui édifie, c'eſt de voir par intervalle des Religieux ſortir de leurs places & ſe proſterner à terre ; c'eſt pour venir expier ſur le champ quelques legers manquemens, ſur tout en matiere de propreté ou de modeſtie pendant qu'on eſt à table ; ainſi l'eſprit de penitence n'abandonne en aucun lieu ces vertueux Solitaires.

Ce fut donc au Refectoire que le Roy d'Angleterre voulut bien manger avec les Religieux de la Trappe. Comme il étoit penetré des mêmes ſentimens de penitence qu'eux, il s'aſſujettit auſſi avec plaiſir à la même auſterité. On ne luy préſenta que des œufs & des legumes ; & il ne fut ſervi qu'en vaiſſelle d'étain & de fayance.

Monſieur le Maréchal de Belfonds avoit accompagné le Roy d'Angleterre en ce ſaint Lieu avec pluſieurs autres Milords. On ſçait l'eſtime particuliere que ce Maréchal faiſoit du vertueux Abbé & de ſes Religieux. Ce fut luy qui engagea Dom Armand à donner au Public une declaration de ſes ſentimens ſur la ſoûmiſſion qu'on devoit à l'Egliſe & aux Conſtitutions des Souverains Pontifes.

SUJET

De Rochefort Sculpsit
en Janvier 1708.

Les Religieux de la Trappe travaillent des mains Cultivent les Terres de leur Jardins et font leur Cydre.

SUJET DU SEPTIÉME TABLÈAU.

Le Peintre y a repreſenté les Religieux occupez au travail des mains ; parce qu'il n'a pas été poſſible de réünir dans un ſeul Tableau toutes les ſortes de travaux où ils s'exercent ; on s'eſt arrêté à une ſeule. On voit icy les Religieux appliquez à faire le cidre ; car à la Trappe on ne ſe ſert point du miniſtere étranger pour les proviſions domeſtiques. Les uns abattent les fruits, d'autres les portent ſous le preſſoir ; enfin quelques autres verſent la liqueur en des tonneaux.

Au premier temps de Cîteaux ſaint Bernard rétablit parmy les ſiens le travail des mains, alors preſque aboli dans tous les Cloîtres. La liberalité des fideles avoit tellement augmenté les revenus des Monaſteres, qu'on y étoit en état de ſe paſſer des travaux fatiguans auſquels les plus anciens Moines s'étoient si fort exercez. Dans les Abbayes les plus reglées d'alors on avoit substitué l'étude & le soin de transcrire des Livres, aux fonctions laborieuses de cultiver la terre. L'Abbé de la Trappe entra dans l'esprit de saint Benoît & de saint Bernard : à leur exemple, il jugea les exercices du corps plus propres à occuper des Solitaires, que des études séches & dissipantes. Voicy ce qu'il representa à ses Religieux dans les commencemens de sa reforme. *Dieu*, leur disoit-il, *avoit ordonné le travail à l'homme innocent comme un moyen pour conserver son innocence ; mais il l'a prescrit à l'homme pecheur pour la recouvrer aprés l'avoir perduë. Tous les Ordres Monastiques qui ont été établis sur la pratique des conseils évangeliques n'ont eu garde de negliger ce commandement : il n'est point de Regle de Solitaire qui n'en ait introduit l'usage. C'est le travail des mains qui humilie & qui mortifie l'esprit aussi-bien que le corps : il unit à Dieu lorsqu'on le fait en esprit de penitence. En un mot les Moines doivent travailler pour gagner leur vie, pour n'être à charge à personne, & pour avoir de quoy assister les pauvres.*

Plein de ces sentimens, le Pere Abbé jugea à propos d'assigner une heure & demie le matin, & autant le soir, au travail du corps. Voicy l'ordre que l'on y garde à la Trappe. Aussi-tôt que l'heure du travail est sonnée, chacun va quitter son habit de Chœur; on se range en haye un outil à la main, en attendant le signal pour la marche; c'est ordinairement le Pere Abbé qui le donne. On partage les travaux à chaque Religieux: les uns labourent la terre, d'autres la portent, quelques-uns arrosent les legumes: l'Abbé même ne se dispense point d'une si penible fatigue. Lorsque le temps ne permet pas de travailler à la campagne, c'est dans l'interieur de la Maison qu'on s'occupe à des travaux du corps. On entretient la propreté de l'Eglise, on balaye les Cloîtres, on écure la vaisfſelle , on ratiſſe des racines , & tout cela en ſilence.

On ne peut diſconvenir que ces travaux ne ſoient un délaſſement pour l'eſprit ; mais on ne peut pas dire auſſi qu'ils ne ſoient tres-fatiguans pour le corps. On ne s'amuſe point à la Trappe à des travaux divertiſſans ; à peindre, par exemple , ou à cultiver des fleurs. On y porte tout le poids du jour & de la chaleur : on conte pour rien d'être brûlé par l'ardeur du Soleil , ou tranſi par le froid le plus picquant.

Cependant l'attention de l'eſprit ne ceſſe pas entierement au temps du travail : les Religieux y rappellent ſouvent la preſence de Dieu , & recitant quelques endroits les plus touchans des Pſeaumes , ils ſe penetrent de quelques veritez attendriſſantes. Enfin pour quelques-uns le temps d'un penible travail eſt le temps d'une fructueuſe meditation.

De Rochefort Sculpsit
en Janvier 1701

Mort de Mr. l'Abbé de RANCÉ, le 27. Octobre 1700. agé de 75. ans, apres en avoir passé 37. dans la Penitence.
C'est la coutume des Religieux de la Trappe, d'expirer sur la paille et sur la Cendre selon l'ancien usage de l'ordre de St. Benoist.

SUJET DU HUITIÉME & dernier Tableau.

La mort de Dom Armand de Rancé y eſt repreſentée : on le voit couché ſur de la paille & ſur la cendre où il doit bien-tôt retourner. Les Religieux autour de leur Pere marquent ſur leur viſage le regret qu'ils ont de ſa perte. Quelques-uns prient pour le mourant, & demandent à JESUS-CHRIST en Croix que les derniers momens de ſa vie ſoient auſſi ſaints que ſa penitence a été rigoureuſe.

Le ſaint Abbé avoit achevé ſa courſe. On peut dire que le plus ardent de ſes ſouhaits étoit accomply. Il laiſſoit à ſes enfans un ſucceſſeur, veritable heritier de ſes vertus & de ſon eſprit ; c'étoit Dom Jacques de la Cour, aujourd'huy Abbé Regulier de Notre-Dame de la Trappe, qui conſerve à ce ſaint Monaſtere tout le luſtre que l'Abbé de

Rancé luy avoit donné. La plus tendre conſolation de Dom Armand, à la mort, fut de voir que l'ouvrage de ſon zele ne periroit pas avec luy. On peut dire que cette penſée adouciſſoit les douleurs de ſa maladie; cependant elle devint incurable : un corps épuiſé de travaux & de penitences ne fut plus en état de reſiſter à la violence d'une fiévre aiguë & d'une fluxion opiniâtre. En cet état Dom Armand ne ſongea plus qu'à ſe munir des Sacremens de l'Egliſe : il fit une confeſſion de toute ſa vie à ſon Evêque : il reçut le ſaint Viatique, & l'abſolution de l'Ordre. Il ſembla que tous les ſentimens de ſa pieté s'étoient renouvellez en ces inſtans. Jamais l'Abbé de la Trappe ne donna de marques d'une foy plus vive, d'une penitence plus ſincere, d'une eſperance plus animée, & d'une plus ardente charité.

C'étoit ainſi que cette vive lumiere, qui avoit éclairé l'Egliſe, commençoit à s'éteindre. L'Abbé de Rancé ſentit luy-même les approches d'une mort prochaine, & demanda qu'on l'étendît, ſelon la coûtume de la Maiſon, ſur la paille & ſur la cendre. Cette genereuſe victime s'ajuſta comme elle pût ſur l'Autel de ſon ſacrifice. Dom Armand ſe ſouvint en cet état de VOTRE MAJESTÉ : il aſſura que ſi Dieu luy faiſoit miſericorde, il ne ceſſeroit point de le prier pour la conſervation & pour la ſanctification de votre Perſonne ſacrée. D'une voix mourante il exhorta ſes chers Enfans à maintenir la pureté de leur Regle. Enfin comme la viſite du Seigneur approchoit, il ſe recüeillit profondement ; il pouſſa de tendres ſoupirs vers le Crucifix que luy préſentoit Monſieur l'Evêque de Séez, entre les mains de qui il mourut le 26. Octobre de l'année 1700.

Voilà, SIRE, l'explication du Plan en relief & des Soubaſſemens de Peinture que j'ay l'honneur de préſenter à

VOTRE MAJESTÉ. L'ayant fait par ſon ordre, j'ay lieu d'eſperer que mon Ouvrage luy ſera agréable, par rapport aux differens ſujets qu'il renferme : je n'ay recherché qu'à mettre ſous les yeux de VOTRE MAJESTÉ une repreſentation fidele d'un ſaint Monaſtere, capable d'exciter dans le cœur les ſentimens de cette pieté ſolide dont VOTRE MAJESTÉ donne de ſi beaux exemples à tout le monde.

Je ſuis avec un tres-profond reſpect,

SIRE,

DE VOTRE MAJESTÉ,

Le tres-humble, tres-obéïſſant & tres-ſoumis ſujet, l'humble Frere PACOME, Religieux Solitaire.

PRINCIPALES SENTENCES qui ſont écrites dans l'Abbaye de la Trappe, & que j'ay copiées dans le ſéjour que j'y ay fait, lorſque j'en ay levé le Plan pour SA MAJESTÉ.

Au-deſſus de la porte en dedans des Bâtimens Reguliers.

Cum Deo multis loquere, cum hominibus, paucis.	Parlez beaucoup avec Dieu, & peu avec les hommes.

Au-deſſus de la Salle où mangent les hôtes ſur la gauche.

Melior eſt dies una in atriis tuis ſuper millia.	Un ſeul jour dans votre maiſon vaut mieux que mille par tout ailleurs.

Sur cette même ligne du même côté.

J'aime mieux être le dernier dans la maiſon du Seigneur.

Elegi abjectus eſſe in domo Dei mei.

Sur cette même ligne en continuant.

Que d'habiter dans la demeure des pecheurs.

Magis quàm habitare in tabernaculis peccatorum.

Au-deſſus de la porte du Cloître.

Il ſera ſeul, & ne parlera point.

Sedebit ſolitarius, & tacebit.

Plus bas ſur cette même porte.

Je mourray dans mon nid, & comme le palmier je multiplierai mes jours.

In nidulo meo moriar, & ſicut palma multiplicabo dies meos.

Continuant le tour du Veſtibule de ce paſſage.

Je me ſuis enfuï bien loin, & j'ai demeuré dans la ſolitude.

Ecce elongavi fugiens: & manſi in ſolitudine.

C'eſt ici pour toûjours le lieu de mon repos, j'y demeureray parce que je l'ay choiſi.

Hæc requies mea in ſæculum ſæculi: hîc habitabo, quoniam elegi eam.

Au-dessus de la porte du Corridor des hôtes.

Tempus est ut incipiat judicium à domo Dei : & si justus vix salvabitur, impius & peccator ubi parebunt ?

Voicy le temps que le jugement doit commencer par la maison de Dieu : & si le juste aura de la peine à être sauvé, que deviendront l'impie & le pecheur ?

A une Carte qui est au bas du degré des hôtes.

Melius est ire ad domum luctûs, quam ad domum convivij : in illa enim finis cunctorum admonetur hominum, & vivens cogitat quod futurum sit.

Il vaut mieux aller à une maison de deüil, qu'à une maison de festin ; car dans celle-là on est averti de la fin de tous les hommes, & celui qui est vivant pense à ce qui doit arriver. *Ecclef.* 7.

Sur une autre Carte qui est sur ce même degré.

Fili, recordare quia recepisti bona in vita tua, & Lazarus similiter mala : nunc autem hic consolatur, tu verò gravaris.

Mon fils, souvenez-vous que vous avez reçû des biens pendant votre vie, & que Lazare n'a eu que du mal ; c'est pourquoi il est maintenant dans la consolation, & vous êtes dans les tourmens. *Luc.* 16.

Au-dessus de la porte du Corridor du Roy d'Angleterre.

Eccles. 9. L'homme ignore quelle sera sa fin ; & comme les poissons sont pris à l'hameçon, & les oiseaux au filet, ainsi les hommes se trouvent surpris par l'adversité lorsque tout d'un coup elle fond sur eux.

Nescit homo finem suum, sed sicut pisces capiuntur hamo, & sicut aves laqueo comprehenduntur, sic capientur homines in tempore malo, cum eis ex templo supervenerit.

Sur la porte de l'Infirmerie, à côté de la Chambre du Roy d'Angleterre, il y a une tête de mort, & ces mots écrits au bas.

Tu ne décendras pas du lit sur lequel tu es monté : mais tu mourras.

De lectulo, super quem ascendisti, non descendes, sed morte morieris.

Sur la porte du Cloître proche le Refectoire.

Prover. 15. Il vaut mieux être invité avec affection à manger des herbes, qu'à manger le veau gras lorsqu'on est haï.

Melius est vocari ad olera cum charitate, quàm ad vitulum saginatum cum odio.

Sur la porte du grand Parloir du côté du Cloître.

Jerem. 22. Ne pleurez point le mort, & ne soïez point émus pour lui : mais pleurez celuy qui sort ; parce qu'il ne retournera plus, & ne verra plus son païs natal.

Nolite flere super mortuum, neque lugeatis super eum fletu : plangite eum qui egreditur, quia non revertetur ultra, nec videbit terrã nativitatis suæ.

Au fond du Parloir qui eſt ſous le Cloître.

In me ſunt Deus vota tua.

O Dieu, en moi ſont les vœux que je vous offriray.

Sur la gauche en entrant dans ce Parloir.

Retinebunt me nugæ nugarum, & vanitates vanitatum antiquæ amicæ meæ.

Je m'amuſois à des bagatelles, & les vanitez des vanitez faiſoient mes délices.

Sur la droite en entrant.

Serò te amavi, pulchritudo tam antiqua & tam nova, ſerò te amavi.

Je vous ai aimé tard, beauté ancienne; Beauté nouvelle, je vous ai aimé tard.

Dans la Salle où l'on reçoit les hôtes.

Nous ſupplions les hôtes de ne point trouver mauvais ſi on n'a nulle converſation avec eux pendant les Offices ny aprés Complies, & ſi on les quitte au coup de la Cloche qui appelle pour le Service de l'Egliſe. On les ſupplie auſſi de ne point dire de nouvelles aux Religieux.

Au-deſſus de l'Eſtampe qui repreſente le Paradis.

Je feray ſortir des fleuves du haut des collines, & des fontaines du milieu des campagnes: je changeray les deſerts en des étangs, & je feray courir les ruiſſeaux dans les ſolitudes inhabitées. *Iſa. 41.*

Sous l'Estampe du Paradis.

Ps. 54. Vous m'avez préservé, Seigneur, des orages qui agitent le monde, & de la vie languissante que l'on y mene, en me retirant dans la solitude : toute mon occupation, mon Dieu, sera de vous y attendre.

Au-dessus de l'Estampe du Purgatoire.

Les champs arides se changeront en des étangs : les terres desséchées regorgeront de sources & de fontaines, & on verra renaître la verdeur du jonc & du roseau dans les lieux qui servoient de retraite aux dragons.

Sous l'Estampe du Purgatoire.

Ps. 4. Mon ame, pourquoy êtes vous triste, & pourquoy me troublez-vous? Esperez en Dieu, puisque je suis encore en état de confesser son saint Nom : il est mon Sauveur ; il est mon Dieu.

J'ay oublié dans la page 9. de la Description du Plan, en parlant du grand Autel, de dire que le contre-table est composé de deux quadres ; celuy du côté de l'Evangile represente S. Jean Baptiste qui reçoit dans le Desert la celebre Ambassade que luy envoya le

Sanhedrin, ou grand Conſeil des Juifs, pour s'informer s'il n'étoit point le CHRIST. Dans l'autre eſt repreſentée la multiplication des cinq pains & des poiſſons, faite en faveur du Peuple par JESUS-CHRIST dans le Deſert. La Purification de la ſainte Vierge, & la Preſentation qu'elle fit de l'Enfant JESUS au vieillard ſaint Simeon, ſont repreſentées dans le milieu du contre-table.

Il y a ſous le Cloître un Parloir qui n'eſt éclairé que par la porte qui ſert ordinairement aux Religieux qui ont à parler au Pere Abbé, ou en ſon abſence au Pere Prieur. Ce fut dans ce Parloir où Monſieur l'Abbé me fit entrer pour voir paſſer les Religieux allant de l'Egliſe au Refectoire, marchant de file l'un aprés l'autre ſur une même ligne avec une modeſtie toute édifiante : je fus obligé de ſuivre de même au Refectoire. Aprés le *Benedicite*, Monſieur l'Abbé me fit mettre à ſa table, à côté de Monſieur de ſaint Loüis ; honneur que j'ay reçû pluſieurs fois pendant le ſéjour que j'ay fait à la Trappe.

OECONOMIE ET REGLEMENT de ce qui s'obſerve tous les jours en general dans l'Abbaye de la Trappe.

L'heure du lever eſt marquée par la Cloche du Dortoir, qui ſonne à deux heures pour les jours ouvriers, à une heure pour les Dimanches & les Fêtes, & à minuit pour les grandes Fêtes ſolemnelles : on ſe rend auſſi-tôt à l'Egliſe pour dire Matines & Laudes juſqu'à quatre heures.

On s'occupe juſqu'à cinq heures à la Priere dans l'Egliſe, ou aux Lectures ſpirituelles qui ſe font en commun dans le Cloître.

On revient enſuite à l'Egliſe pour dire Prime.

Aprés

Aprés Prime on tient pendant une demie-heure le Chapitre des coulpes, dont il eſt parlé cy-devant dans l'explication du quatriéme Tableau, *page* 43.

Aprés le Chapitre on va au travail des mains pendant une heure & demie : il eſt auſſi expliqué au ſeptiéme Tableau, *page* 57.

On ceſſe le travail des mains au moment que l'on entend la Cloche qui annonce le retour à l'Egliſe pour aſſiſter à Tierce, à la grande Meſſe, & à Sexte, aprés leſquelles on ſort de l'Egliſe pour ſe rendre au Refectoire, dont on a encore parlé cy-devant en expliquant le ſixiéme Tableau, *page* 53.

On dit None en Hyver à midy, & en Eſté à une heure.

Aprés None on retourne au travail des mains pendant environ une heure & demie, que l'on ceſſe ſi-tôt que l'on entend la Cloche pour revenir à l'Egliſe prier pour la conſervation du

Roy, ce qui dure environ un quart-d'heure.

A quatre heures on dit Vêpres.

A cinq heures on va au Refectoire jusqu'à six heures & demie; ensuite on employe encore un quart-d'heure à prier dans l'Eglise, ou aux Lectures spirituelles qui se font toûjours en commun dans le Cloître.

A sept heures on dit Complies, & à huit heures on se couche.

Tous les exercices cy-dessus se font dans un silence perpetuel; ceux qui le rompent sont punis par des penitences rigoureuses, comme disciplines dans le Cloître, jeûnes au pain & à l'eau.

Les Religieux n'ont aucune communication entr'eux de paroles, d'écrits, ny d'aucuns signes.

Jamais deux Religieux ne se doivent trouver seuls l'un prés de l'autre, à peine d'être punis comme violateurs du silence.

Tous les Samedis on fait dans le Cloître le *Mandatum*, ou lavement des pieds.

Rien n'eſt plus édifiant que la maniere pieuſe avec laquelle les Religieux vont recevoir l'Eau-benîte. Aprés que l'Hebdomadaire a beni l'eau, & fait l'aſperſion au grand Autel, & dans le Sanctuaire, le Reverend Pere Abbé vient ſeul recevoir l'Eau-benîte du Celebrant, qui luy fait une profonde inclination devant & aprés : il eſt ſuivi de tous les Religieux qui viennent auſſi en recevoir deux à deux, & retournent en Proceſſion à leurs places : les Novices viennent enſuite ; & toute cette Ceremonie, qui dure au moins un quart-d'heure, ſe termine par les Freres Convers ; mais tout s'y paſſe avec tant d'ordre, & chacun reprend ſa place d'une maniere ſi reguliere, qu'on n'apperçoit pas le moindre dérangement dans le mouvement de tant de monde.

Tous les Religieux qui ne ſont point Prêtres communient tous les Dimanches & les grandes Fêtes ; c'eſt encore une ceremonie des plus touchantes & des plus capables d'inſpirer combien on doit apporter de préparation à l'approche d'un ſi grand Myſtere.

Le Diacre ayant reçû le baiſer de paix du Celebrant, pendant qu'on chante l'*Agnus Dei*, décend pour le donner au Soûdiacre, qui va le porter à l'entrée du Sanctuaire au plus ancien des Religieux qui doivent communier, & celuy-cy au Religieux qui le ſuit, & ainſi des autres.

On reçoit ce baiſer de paix à l'endroit où le Soûdiacre chante l'Epître. C'eſt-là qu'on fait revivre le ſaint baiſer que ſaint Paul recommande ſi fort aux premiers Chretiens : *Salutate in oſculo ſancto.*

Aprés avoir rendu comme ſenſible, par la maniere tendre & touchante dont ils s'embraſſent, cette charité cordiale dont ils ſont embraſez, ils ſe mettent ſix à ſix à genoux dans le Sanctuaire, & vont enſuite recevoir l'un aprés l'autre l'adorable Myſtere de nos Autels, du côté de l'Epitre, avec des ſentimens également mêlez d'amour, de crainte & de tremblement, qu'on remarque aiſément ſur leur viſage. Ils paſſent enſuite derriere le grand Autel pour retourner à leurs places, avec une modeſtie ſi religieuſe, qu'elle rend, ſi on l'oſe dire, gloire & honneur à la Majeſté ſuprême du Dieu qu'ils viennent de recevoir. *Glorificate & portate Deum in corpore veſtro.*

Les Conferences ſe font ordinairement dans une Chambre, Jardin, ou autre lieu. Le ſignal pour l'Aſſemblée des Conferences ſe fait par le Superieur qui tinte la Cloche du Chapitre: elles ſe font tous les Dimanches, & quelquefois les Fêtes lorſqu'elles arrivent dans le milieu de la Semaine.

Les Conferences dans les Bois n'arrivent que cinq ou ſix fois l'année.

Les Religieux malades ou infirmes n'ont l'uſage de la viande qu'avec la permiſſion du Superieur, & qu'aprés avoir eu ſix ou ſept accés de fiévre.

Les infirmes ne boivent jamais de vin, à moins que ce ne ſoit par forme de remede contre les défaillances de cœur.

On n'uſe jamais de ſucre ny de confiture à la Trappe.

Pour détromper ceux qui croyent que la vie reguliere & auſtere des Religieux de la Trappe eſt un moyen d'avancer promptement les jours, j'ay crû devoir rapporter icy le nombre des morts. Depuis 1664. qu'a commencé la Réforme à la Trappe, juſqu'au mois d'Aouſt 1704. que je levois le Plan de ce Monaſtere, il n'eſt mort dans l'eſpace de 40. ans que 182. perſonnes; ſçavoir 142. Religieux de Chœur; 28. Freres Convers; 9. Freres donnez; les deux Chevaliers de Noſſé & de Châtelieres, & Monſieur de Rancé, vingt-quatriéme Abbé de la Trappe, mort le 27. Octobre 1700. âgé de 70. ans, aprés en avoir paſſé 37. dans une penitence tres-auſtere.

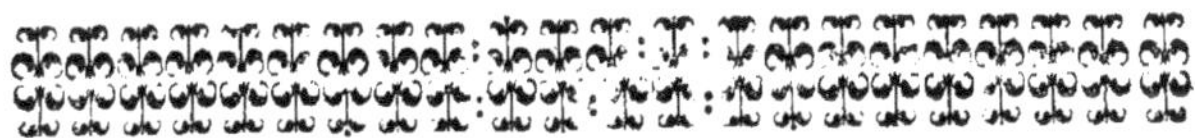

Voicy les noms de ceux qui ſont morts depuis le mois de Novembre 1704. *juſqu'à preſent que Mr l'Abbé de la Trappe m'a envoyé.*

FRere Simeon Dordre du Vicquet, natif de Boulogne-ſur-mer, a fait profeſſion le 1. Fevrier 1703. eſt mort le 6. Novembre 1704.

F. Robert le Clerc, Convers, natif de Bruxelles, Dioceſe de Malines, a fait profeſſion le 20. Juin 1701. mort le 11. Decembre 1704.

F. Alberict de ſainte Colombe, Diacre, natif d'Oupiâ, Dioceſe de S. Pons, a fait profeſſion le 24. May 1702. mort le 18. Decembre 1704.

D. Charles Bigod, Eccleſiaſtique, natif de Lyon, a fait profeſſion le 24. May 1702. âgé de 37. ans, mort le 24. Janvier 1705.

F. Nicolas, Donné, mort le 19. May 1705.

F. Clement, Donné natif de Paris, mort le 25. May 1705.

F. Zacharie Lataſte, natif de Paris, a fait profeſſion le 22. Fevrier 1703. mort le 27. May 1705.

F. Isaac Matthée, natif du Diocese de Sens, a fait profession le 7. Decembre 1703. mort le 14. Juin 1705.

F. Norbert Lainoit, Diacre, natif de Coutances, a fait profession le 31. Octobre 1702. mort le 2. Juillet 1705. il avoit été Prémontré.

F. Jean-Baptiste Lerron, Convers, natif de saint Avo, Diocese de Mets, a fait profession le 1. Septembre 1696. mort le 29. Octobre 1705.

F. Serapion Poitron, Convers, natif d'Argenteüil, Diocese de Paris, a fait profession le 29. May 1678. mort le 17. Novembre 1705.

F. Paulin Manger, Novice, Convers, natif du Caule, Diocese de Roüen, mort le 21. Decembre 1705.

F. Theonnas Deschamps, Convers, natif de Vitry aux Loges, Diocese d'Orleans, a fait profession le 1. Aoust 1701. mort le 3. Fevrier 1706.

F. Pierre Reusse, Donné, natif d'Amiens, mort le 4. Fevrier 1706.

F. Dorothée Dappouny, Chanoine Regulier de sainte Geneviéve, natif de Paris, a fait profession le 12. Aoust 1704. mort le 24. Fevrier 1706.

F. Pacome Girard, Novice, natif de Beaugency, Diocese d'Orleans, mort le 1. Mars 1706.

F. Jacques-Antoine de Hem, natif de Roüen, a fait profession le 22. Juillet 1705. mort le 1. Mars 1706.

D. Alexandre Renoüard, natif de Paris, a fait stabilité le 19. May 1696. mort le 28. Avril 1706. Profés de la Ferté.

F. Agathon

F. Agathon Jobart, Convers, natif de Sedan, Diocese de Reims, a fait profession le 9. May 1702. mort le 11. May 1706.

F. Hyppolite Lenfant, natif de Troyes, a fait profession pour frere Convers, le 7. Septembre 1703. mort le 13. May 1706.

F. Dosithée Bourquin, Convers, natif d'Anvers, a fait profession le 29. Aoust 1704. mort le 14. May 1706.

F. Claude Blanet, Convers, natif de Duriol, Diocese de Grenoble, a fait profession le 7. Septembre 1700. mort le 8. Juin 1706.

F. Euthime Ramauger, natif de S. Sever, Diocese de Roüen, a fait profession le 10. Novembre 1697. mort le 14. Avril 1707. en Toscane.

D. François le Marchand, Religieux de l'Abbaye de la Clarté, au Diocese du Mans, mort le 7. May 1707.

F. Arcisse Fremin, natif de Roüen, a fait profession le 22. Aoust 1706. mort le 22. May 1707.

F. Macaire la Croix, natif de Montivilier, Diocese de Roüen, a fait profession le 22. Octobre 1706. mort le 8. Juin 1707.

F. Helene Bellard, natif d'Abbeville, Diocese d'Amiens, a fait profession le 23. Octobre 1705. mort le 12. Aoust 1707.

F. Maur Auctin, Convers, natif de Moriny, Diocese de Roüen, a fait profession le 22. Decembre 1700. mort le 4. Septembre 1707.

F. Joseph Rempillon, Chanoine Regulier, natif

de Meaux, a fait profeſſion le 24. Decembre 1694. mort le 12. Octobre 1707.

F. Anſelme Sonnier, natif de Villiers-Cottrets, Dioceſe de Soiſſons, a fait profeſſion le 29. Avril 1697. mort le ..... Octobre 1707.

F. Pierre Mopinot, natif de Reims, a fait profeſſion le 24. Avril 1706. mort le 22. Octobre 1707.

F. Benoît Vaillant, Convers, natif de S. Humbert, Dioceſe de Boulogne, a fait profeſſion le 20. Juin 1702. mort le 23. Novembre 1707.

F. Moyſe Picault de Ligré, grand Prevoſt de Touraine, natif de Chinon, Dioceſe de Tours, a fait profeſſion le 28, Aouſt 1705. mort le 1. Decembre 1707.

F. Gerard Magnien, natif de Saint-Seine, Dioceſe de Langres, a fait profeſſion le 9. Juin 1701. mort le 16. Janvier 1708.

F. Antoine Chevalier, natif d'Orleans, a fait profeſſion le 11. Janvier 1682. mort le 6. Fevrier 1708.

F. Marin Doby, natif de Châteauneuf, Dioceſe de Chartres, a fait profeſſion le 3. Novembre 1688. mort le 20. Mars 1708.

F. Firmin Balzac, Convers, natif de Rillant, Dioceſe de Sens, a fait profeſſion le 3. Avril 1673. mort le 6. Avril 1708.

F. Eugene Binard, natif de Liege, a fait profeſſion le 18. Juin 1688. mort le 15. Avril 1708.

F. Abel Galliere, Convers, natif de Mons, Dioceſe de Cambray, a fait profeſſion le 23. Octobre 1702. mort le 3. May 1708.

F. Jean-Baptiste David, Convers, natif d'Ouppeville, Diocese de Roüen, a fait profession le 22. Septembre 1705. mort le 23. May 1708.

D. Jean-Baptiste de la Tour, natif de Franche-Comté, Diocese de Bezançon, Profez le 25. Mars 1695. mort le 4. Juillet 1708.

J'ay dit dans la page 14. de la Description du Plan, que l'on met sur les Sepultures des Religieux une Croix sur laquelle est scellée une plaque de plomb, contenant le nom, la Ville & le Diocese du défunt. En voicy quelques-uns qui pourront donner une connoissance pour tous les autres.

Le 25. Septembre 1694. Dom Isidore Tissu, de Paris.

Le 23. Fevrier 1695. F. Basile Anzouix de Villiers le Bel. Sa fosse est encore aussi élevée que s'il n'y avoit que deux jours que l'on l'y eût mis.

Le 9. Novembre 1695. F. Palemon de Tana, de Turin.

Le 15. Fevrier 1699. F. Achille d'Albert-Gotty d'Areso, en Toscane.

Permis d'imprimer. A Paris ce 28. Juin 1708.
M. DE VOYER D'ARGENSON.

www.ingramcontent.com/pod-product-compliance
Ingram Content Group UK Ltd.
Pitfield, Milton Keynes, MK11 3LW, UK
UKHW020920180726
13838UKWH00002B/658

9 782329 343792